PROCÈS

DE LA

Relation Historique

DES OBSÈQUES

DE M. MANUEL.

Plaidoyer de M⁰ Mauguin,

Pour M. Mignet.

Paris,

ÉVERAT, IMPRIMEUR-LIBRAIRE,
rue du Cadran, N° 16.

1827.

PROCÈS

DE LA

RELATION HISTORIQUE

DES OBSEQUES

de M. Manuel.

PROCÈS

DE LA

RELATION HISTORIQUE

DES OBSÈQUES

de M. Manuel.

Plaidoyer de Me Mauguin

POUR M. MIGNET.

Paris,

ÉVERAT, IMPRIMEUR-LIBRAIRE,
rue du Cadran, N° 16

1827.

PROCÈS

De la Relation Historique

DES OBSÈQUES

DE M. MANUEL.

PLAIDOYER DE M^E MAUGUIN [1]

POUR M. MIGNET.

MESSIEURS,

Il y a quelque chose de noble et de touchant dans les hommages rendus par un grand peuple à la mémoire d'un simple citoyen, qui n'eut d'autres droits à sa reconnaissance qu'un dévouement sans bornes à son pays, un beau talent et un grand caractère. On conçoit les honneurs funéraires rendus à la puissance : sa vanité lui servit; la curio-

---

[1] Ce plaidoyer, et la réplique qui le suit, sont extraits de la relation du *procès* publié chez Sautelet, libraire. Dans beaucoup de parties, ce n'est qu'une simple analyse faite sur la sténographie prise à l'audience.

sité est éveillée par l'éclat de ses pompes, et dans le concours qu'elles attirent, le desir de plaire aux vivans ne reste pas étranger au culte des morts. Mais des regrets sincères peuvent seuls appeler la foule aux obsèques d'un de ces hommes qui se sont dévoués à la défense de ses droits. Ce n'est point là qu'on put jamais attendre des faveurs, et, de nos jours, on y trouve des dangers et des procès.

Je ne dirai point quel fut M. Manuel : il était du nombre de ceux qui ont mérité l'admiration des uns et l'animadversion des autres. Il est mort jeune, mais des larmes publiques ont honoré sa tombe.

Le vœu de ses amis était de transporter sa dépouille mortelle au cimetière de l'Est. Le maire du village de Maisons, où il était mort, avait donné l'autorisation nécessaire ; tout était préparé, et le vendredi avait été fixé pour la cérémonie. Afin d'éviter tout obstacle, on résolut de se pourvoir de l'autorisation du préfet de police. On avait le projet d'apporter le cercueil rue des Martyrs, où M. Manuel demeurait ; de là devait partir le convoi : l'autorité s'y opposa ; elle ne voulut pas souffrir que le cercueil entrât dans Paris, et annonça même la volonté de changer le jour des funérailles ; elle prescrivit d'abord le mercredi, puis le jeudi. Elle ne consentit enfin au jour fixé que sur l'insistance de M. Laffitte qui s'était chargé de la négociation ; mais elle lui fit promettre son influence pour le maintien de l'ordre.

Le cortége s'avançait vers la barrière des Martyrs. Triste effet des ressentimens politiques, pour la première fois, on voyait l'entrée de la cité interdite à des dépouilles inanimées, et la proscription s'appesantir sur un cercueil. Malgré le silence des journaux à qui la censure avait défendu toute annonce, une foule immense s'était réunie ; elle attendait le char funéraire. A peine arrivé, elle l'entoure ; des jeunes gens, entraînés par les sentimens de leur âge, veulent s'emparer du cercueil et le porter eux - mêmes à la dernière demeure ; mais un commissaire de police était présent, accompagné d'un officier de l'état-major de la place et de plusieurs brigades de la gendarmerie départementale : il s'oppose à des tentatives qu'il dit contraires aux réglemens. Sur un ordre, les soldats tirent le sabre ; aussitôt des cris de mécontentement éclatent de toutes parts. Cependant, et je m'empresse, avec la Relation, de rendre pleine justice à ceux qui avaient alors le commandement de la force publique, ils étaient animés des intentions les plus pures : bientôt un ordre contraire est donné, et les sabres retombent dans les fourreaux au milieu d'applaudissemens universels. On négocie, on s'entend : le cercueil restera sur le char ;

mais le char, dont les chevaux vont être dételés, sera traîné par la foule. La convention s'exécute : le cortége se déploie, et il reprend sa marche lente et majestueuse.

Vingt mille hommes, distribués sur deux lignes, suivaient, des deux côtés, le boulevard extérieur ; au milieu s'avançait le char funéraire traîné par mille bras et surmonté de couronnes décernées dans un autre temps à Manuel, par les villes de Tours, de Lyon et de Grenoble. Le peuple affluait de toutes parts ; on le voyait sur les arbres ; on le retrouvait sur les murs et sur le faîte des maisons. Partout régnait un religieux silence ; seulement et par intervalles, on entendait des cris en l'honneur du défunt, et, de temps à autre, des branches légères, détachées de la cîme des arbres, tombaient sur le cercueil en forme de couronne ; seule, mais noble récompense accordée par le peuple à ses défenseurs.

Tout se passait dans l'ordre, dans le recueillement le plus profond. Toutefois, on apercevait du mouvement dans la gendarmerie. Des ordonnances partaient ou revenaient au galop, et à chaque barrière, à l'intérieur, dans le chemin de ronde, on voyait un corps de troupe à pied qui gagnait les devants du convoi. Mais pourquoi des inquiétudes ? à quoi bon des alarmes ? n'était-on pas sous les yeux de l'autorité et d'accord avec elle ? Tout à coup, à la barrière de Ménilmontant, une ligne de bataille se déploie : la multitude est arrêtée. On s'interroge, on se questionne. Que veut la gendarmerie ? Quelles sont ses plaintes ?

Les chefs sont entourés. — Que prétendez-vous faire ? Nous empêcherez - vous de passer ? — Oui. — Pourquoi ? — Le char doit être traîné par des chevaux. — Et si nous ne voulons obéir ? — Tant pis pour vous, nos ordres sont là, et nous avons des sabres.

On pense d'abord que la gendarmerie se gardera de recourir aux armes : on insiste, et bientôt on est convaincu qu'elle est déterminée à tout pour se faire obéir. Ainsi, pour une simple contravention aux ordres de l'autorité, vingt, trente mille hommes sont menacés de mort. Figurez - vous cependant le désordre qui s'empare du cortége. De bouche en bouche, la nouvelle vole et circule ; on entend d'abord un murmure sourd qui s'élève, qui s'étend, qui règne bientôt sur cette foule immense. Des cris, des menaces éclatent. Au milieu du tumulte, une voix s'élève : *Retournons à Maisons;* et le char retourne, et l'on veut faire un mouvement rétrograde. Mais il avait été prévu; sur les derrières, la gendarmerie départementale s'était étendue; elle présentait aussi sa ligne de bataille, et la foule désarmée se trouvait entre deux feux.

Au milieu de la paix, verrons-nous donc se déployer le spectacle sanglant des guerres civiles ! Le sang du peuple va-t-il couler ? A qui restera la victoire ? A la force disciplinée, ou à la foule qui, en se pressant et par son nombre, peut étouffer les gendarmes ?

En vain le commissaire de police s'approche et déclare qu'il répond de tout, qu'il prend tout sous sa responsabilité. Le comte de Saint-Germain, qui commandait la gendarmerie, répond froidement qu'il a ses ordres. M. Laffitte arrive, M. Laffitte à qui le préfet avait fait promettre son influence. Il fait des représentations; elles ne sont pas écoutées. Quelques officiers tenaient des propos menaçans : *qu'on nous laisse faire,* s'écriaient-ils ; *tout sera bientôt fini;* mais il est juste de le dire ; d'autres, et en plus grand nombre, s'interposaient : « Pourquoi en venir à des actes de vio-» lence ? l'ordre porte que le char doit être traîné » par des chevaux; attelez deux chevaux bien ou » mal, peu importe, et que vos jeunes gens restent, » s'ils le veulent. » M. de Saint-Germain lui-même, embarrassé d'une résistance inattendue, se rend à cet avis.

La satisfaction demandée devait mettre fin à

une position dangereuse pour tout le monde; mais il fallait la faire accepter d'une foule irritée et tumultueuse. M. Laffitte monte sur le corbillard; on le force de fouler de ses pieds les restes de son ami. Il s'adresse aux jeunes gens qui l'entourent et qui se pressent pour l'écouter. Auprès des uns, l'autorité de son nom suffit; aux autres, il parle comme un père. Le pouvoir a tort; sa conduite est blâmable; mais faut-il résister! On se battra donc sur un cercueil..... Et leurs familles, que deviendront-elles? qu'ils pensent aux inquiétudes, aux douleurs de leurs parens. Qu'avons-nous voulu faire? rendre un hommage au grand citoyen que nous pleurons; n'est-il pas rendu, puisque c'est la force qui l'empêche. Tout ce qu'il faut, c'est qu'une relation exacte des événemens de la journée soit publiée; elle le sera, je vous l'atteste. Évitons à Manuel des funérailles sanglantes.

Enfin, et après mille efforts, la transaction est acceptée. Des chevaux sont attelés en apparence, et la marche continue.,

On était arrivé au cimetière, une multitude immense en couronnait les hauteurs; plus de cent mille personnes assistaient à cet imposant spectacle : on y voyait des hommes de tous les rangs, de tous les états; des femmes même étaient accourues. Le cercueil est repris à bras et déposé dans la fosse; des discours sont prononcés; la foule se dissipe, et le silence règne à jamais sur cette tombe quia détruit tant d'espérances et renferme tant de regrets.

Tel est, Messieurs, le tableau fidèle, quoique abrégé, de ces funérailles qui ont failli devenir si funestes. Une relation exacte avait été promise. Elle a été écrite le lendemain des événemens et sous leur influence; les auteurs y rendent compte de ce qu'ils ont vu et senti. C'est cette relation qui est poursuivie. Je dois examiner maintenant si elle est coupable.

J'ai trois chefs de prévention à combattre, diffamation et injures envers des autorités constituées, offense à la Chambre des députés, provocation à la révolte.

Quand il s'agit de diffamation et d'injures, il faut toujours distinguer. Si les imputations diffamatoires sont dirigées contre des particuliers, elles sont coupables; la preuve n'en saurait être admise; la vie privée du citoyen doit être murée. Il en est autrement si elles ont lieu contre les agens de l'autorité; alors, ou elles portent sur des faits réels et prouvés, ou elles sont calomnieuses. Dans ce dernier cas, sans doute, elles doivent être punies; mais dans le premier, il n'y a jamais lieu à sévir. Cette différence entre la diffamation contre des

particuliers et celle qui concerne des fonctionnaires, tient à des motifs graves ; à l'égard des
particuliers, la diffamation est toujours dépourvue
d'un intérêt légitime. C'est ce défaut d'intérêt qui
prouve une intention perverse et constitue le délit.
Le principe est si vrai qu'il cesse de s'appliquer
toutes les fois que l'intérêt existe ; ainsi, par
exemple, la diffamation et l'injure se glissent souvent dans les publications judiciaires ; mais souvent aussi elles sont exigées par le besoin de la
cause. De là cette disposition de la loi, qu'au juge
seul du procès il appartient de statuer si les droits
de la défense ont été ou non dépassés.

Quand il s'agit au contraire de faits imputés
aux agens de l'autorité, il y a intérêt pour tous à
les révéler. Les fonctionnaires ont une vie publique ;
leurs discours et leurs actes sont la propriété de
tous. De là le droit de censure consacré par la loi.
Or, cette censure ne peut trouver à s'exercer sur
des actes réguliers ; c'est aux actes illégaux qu'elle
s'attache ; elle doit donc être protégée, car il importe au bien de tous que les actes illégaux soient
révélés et punis.

Aussi, à l'égard des agens de l'autorité, la question n'est-elle jamais de savoir si on peut leur reprocher des faits constans et avoués ; il n'existe de
difficulté que dans un seul cas, c'est de savoir,

quand les faits sont déniés, comment la preuve en peut être fournie. La loi du 26 mai 1819, art. 20 , avait résolu la question en permettant même la preuve testimoniale. La loi du 22 mars 1822 , en revenant à d'autres doctrines , a proscrit ce genre de preuves. Mais elle n'a proscrit que ce genre de preuves. Elle a respecté le principe qu'on peut dire la vérité contre les fonctionnaires ; qu'on peut la dire, si les faits sont avoués. Seulement, en cas de déni, elle n'admet qu'une preuve écrite. Si l'on proscrivait toute vérité contre les fonctionnaires, que deviendrait donc le droit de critique et de censure ? Comment pourrait-on dénoncer à l'autorité supérieure un agent coupable ? Mais du droit de reprocher publiquement des faits prouvés par écrit, ou non déniés, en résulte un autre, celui de les qualifier. La qualification d'un fait, lorsqu'il est exact, ne peut renfermer en effet ni diffamation ni injure : aussi l'art. 20 de la loi du 26 mai, qui existe toujours en cette partie , permet-il les qualifications, même outrageantes. Il punit seulement *les injures qui ne seraient pas nécessairement dépendantes des faits imputés.*

Voilà les principes. Passons à l'application.

Trois autorités sont présentées par l'accusation comme ayant été outragées. La gendarmerie, la police et l'administration générale.

Mettons d'abord de côté la gendarmerie départementale ; loin de l'avoir diffamée, au contraire, on lui a accordé des éloges ; on a rendu hommage à ses *dispositions pacifiques*, et de ce premier fait ressort une conséquence, c'est qu'en prenant la plume, les auteurs de la brochure n'avaient pas l'intention de diffamer.

Mais ils ont dit, en parlant de la gendarmerie de Paris, qu'*elle était accoutumée à charger dans les rues les citoyens désarmés ?* Oui , ils l'ont dit ; ils l'ont dit, mais sans épithète, sans qualification injurieuse, et même sans malveillance ; car, à la page 21, en rapportant qu'à la porte du cimetière, un nouvel ordre de charger avait été donné, ils ajoutent que les gendarmes *obéirent lentement* ; remarque qu'ils font comme un éloge.

Resté donc cette simple proposition, que la gendarmerie de Paris est accoutumée à charger dans les rues des citoyens désarmés. Et, si malheureusement c'est la vérité ; si la gendarmerie a en effet chargé dans les rues des citoyens désarmés, et si elle a chargé assez souvent pour qu'on puisse lui en reconnaître l'habitude, à quoi, Messieurs, se réduira ma tâche ? Faut-il donc que j'énumère devant vous toutes les charges qu'à différentes époques la gendarmerie a exécutées sur les habitans de Paris ? Faut-il remonter jusqu'à l'affaire de M. Bavoux et aux événemens du mois de juin, et, par ordre de date, vous raconter toutes les scènes déplorables dont nous avons été témoins depuis cette époque jusqu'en l'année 1827? Devrai-je vous rappeler celles qui ont accompagné l'arrestation de MM. Duvergier et Fayolle, en 1819; les missions des Petits-Pères, en 1822; l'exclusion de Manuel, en 1823; vous entretenir d'un homme de lettres, de M. Desloges, et de tant d'autres citoyens, blessés, comme lui, dans les rues de la capitale, par le sabre des gendarmes? Veut-on, enfin, que je déroule sous vos yeux, un tableau sinistre, où figureraient, au dernier plan, les souvenirs encore récens du cours de M. Récamier? Sur tous ces faits la controverse serait impossible : ils sont de notoriété publique; ils ont été constatés, soit par les procès-verbaux des gendarmes, soit par des instructions judiciaires : c'est donc avec des faits constans que nous avons parlé. Nous n'avons fait que les énoncer, sans même avoir l'intention d'incriminer la gendarmerie, qui, dans toutes ces circonstances, n'a fait qu'obéir aux ordres de ses chefs. Si nous avions dit qu'elle était accoutumée à charger les citoyens, même sans l'ordre de ses chefs, je concevrais qu'on vînt nous demander compte de nos paroles; mais, non, dans notre récit, les chefs seuls demeurent responsables : nous avons même rendu justice aux bonnes dispositions du corps. La prévention relative à la gendarmerie de Paris, doit donc disparaître tout entière.

Passons à la police. Le ministère public s'est attaché à transporter sur le magistrat qui la dirige celles de nos imputations qui sont dirigées contre elle. Mais nous n'avons parlé de la police que comme administration, et sans la personnifier. Ce n'est pas sans motif, Messieurs, que je vous soumets cette remarque préliminaire ; si l'on s'en rapportait à un article de la *Gazette universelle de Lyon* qui, comme on sait, reçoit ses inspirations de M. Franchet, la conduite du préfet aurait été loin de recevoir son approbation. Il l'aurait blamé d'avoir eu des égards pour des libéraux. La version de ce journal autoriserait même à croire, que le brusque changement des dispositions de l'autorité, durant la marche du cortége, ne pourrait sans injustice être attribué à la préfecture. Quoi qu'il en soit, examinons les phrases incriminées.

Vous le savez, Messieurs, chacune des autorités, chacun des corps qui trouvent place dans notre gouvernement repose sur des principes et des bases qui lui sont propres. Il y a un corps, par exemple, dont l'influence se fonde sur le respect des citoyens ; c'est la magistrature, c'est dans l'auréole d'estime et de vénération qui l'entoure que résident à la fois sa puissance et notre salut.

Mais il est d'autres autorités qui ont plus besoin de force que d'estime; il en est une surtout, placée dans des régions inférieures, et qui se trouve dans ce cas. Sortie du sein de nos troubles révolutionnaires, elle ne dément pas sa funeste origine; elle ne marche et n'agit que dans l'ombre : elle ne sème et ne recueille que les soupçons et les défiances. Comme la paix intérieure serait mortelle à son influence, elle semble se réjouir de rencontrer des coupables ; à défaut d'instrumens honorables qu'elle ne trouverait point, elle se sert d'agens subalternes recrutés dans la fange de la société; elle les connaît, elle s'en défie, et cependant par la nécessité de sa position, elle est tenue de leur accorder une aveugle confiance; leurs rapports font sa loi; c'est d'après eux qu'elle agit, qu'elle met ses forces en mouvement, au risque quelquefois de compromettre la paix publique. Cette autorité, c'est la police; quand on prononce son nom, il y a déjà quelque chose qui repousse; cette autorité, Messieurs, ne s'appuie, ne peut s'appuyer que sur la force, sur ses agens, sur ses baïonnettes; elle ne doit point prétendre à l'estime qui entoure la magistrature; l'estime n'est point faite pour elle, elle n'en a pas besoin. Je n'entends pas la dépriser; je ne veux pas non plus agiter l'importante question de savoir si un système de gouvernement comme celui dont nous jouissons comporte l'existence d'une police politique; si ce genre d'autorité parmi nous devrait avoir d'autre sphère d'action que la voirie, les grands chemins, la recherche des délits et des crimes vulgaires; je veux dire seulement qu'elle ne doit pas prétendre à une considération sans tache; qu'elle ne doit point s'effaroucher d'un langage qui ne serait pas empreint de ce respect dont elle peut se passer. Il lui suffit de la crainte. Je la plaindrais si elle s'avisait de cette susceptibilité qui ne souffre point les paroles mal sonnantes. Que dirait-elle donc de ces nombreux discours prononcés contre elle dans les deux chambres? Que dirait-elle de ces écrits politiques, de ces brochures qui paraissent tous les jours?

Dans la cause, il existe des faits constans. C'est 1° le recueillement, le silence et l'ordre parfait du cortége depuis la barrière des Martyrs jusqu'a celle de Ménilmontant; 2° l'apparition subite de la force armée à cette seconde barrière; 3° l'ordre lu en tête du cortége de transférer le cercueil d'un char sur un autre; 4° le motif de cet ordre, que le char était traîné par des jeunes gens et non par des chevaux.

Deux de ces faits ont été reconnus par le ministère public; si on déniait les autres, nous aurions recours au moyen que nous offre la loi ; une plainte contre le préfet de police nous conduirait à une vérification.

Ces prémisses posées, il s'agit de savoir si la police n'a pas induement troublé le cortége, si elle ne s'est pas rendue coupable au moins d'imprudence ; si dès-lors nous n'avions pas le droit de lui reprocher sa conduite et de la qualifier.

A-t-elle agi induement ? Depuis quelque temps toutes les opinions ont des pertes à déplorer ; l'opinion libérale surtout en a fait d'immenses. Moins de deux ans se sont écoulés, depuis que la mort d'un grand orateur plongea dans le deuil l'armée et la nation ; la population de la capitale accourut tout entière à ses funérailles. Quelle cérémonie fut jamais plus grande et plus auguste ? Qui le lendemain eut à se plaindre d'un seul accent de sédition, du moindre fait qui pût porter atteinte aux droits de l'autorité ? Tout s'était passé entre le peuple et les restes d'un grand citoyen.

La mort a depuis frappé une illustre victime ; cette fois la police a voulu intervenir ; faut-il vous rappeler l'indigne profanation qui a souillé la dépouille mortelle d'un pair de France, d'un homme qui avait mérité le titre de *bienfaiteur de l'humanité ?* Devrai-je ramener vos regards sur les scènes de violences et presque de carnage dont

Paris fut le théâtre ? Qu'on juge cependant par ces deux faits. Laissez agir le peuple, qu'arrive-t-il ? au milieu d'un calme imposant, il déploie l'appareil de sa douleur ; et je ne sache pas que la douleur soit séditieuse : que l'autorité intervienne, elle menace, elle irrite, le désordre apparaît avec elle, et le lendemain Paris apprend avec indignation que le cercueil d'un pair de France a été traîné dans le ruisseau des rues.

Mais pourquoi la police intervient-elle ? Qui lui a donné le droit de s'occuper du mode de transport des cercueils ? Elle invoque un arrêté du 27 germinal an XI, dont l'article 5 porte *qu'aucun transport funèbre ne sera fait désormais à bras mais avec des chars attelés de chevaux.* Ainsi donc il s'agit non d'une loi, mais du simple arrêté d'un préfet. Et c'est contre la violation de cet arrêté que la police réclame : sans doute elle paraît en avoir la lettre pour elle ; peut-elle en invoquer l'esprit ? Non, et il est facile de le prouver.

En l'an XI, aucune cérémonie n'accompagnait les funérailles : les cercueils étaient abandonnés sans surveillance à des porteurs ; de là d'innombrables profanations données chaque jour en spectacle au public. L'autorité crut devoir intervenir, elle créa une administration spécialement chargée des transports funèbres, et décida que cette administration tiendrait des chars à la disposition des citoyens. Quel était son but ? De prévenir des scandales et tout ce qui pouvait blesser les convenances, l'ordre public, et le respect dû aux morts. Qu'on ne dise pas que cet arrêté tend à réprimer les honneurs rendus à nos dernières dépouilles ; non, il n'y pense pas, il veut seulement empêcher des profanations ; cela est si vrai, que dans un décret du 23 prairial an XI, le gouvernement reconnaît aux familles le droit de régler, comme elles le désirent, la pompe de ces cérémonies. Ce même décret rétablit les *cérémonies usitées pour les convois selon les différens cultes*. Or, si l'usage de porter à bras est une marque de respect, un moyen de témoigner son culte envers la cendre des morts, la police doit le respecter, parce qu'elle est chargée de maintenir et de protéger tout ce qui est culte.

Je pourrais me contenter de ces premières notions, et refuser à la police le droit qu'elle prétend tirer de l'arrêté de l'an XI ; je pourrais ajouter que l'arrêté a été fait pour Paris ; qu'il n'a plus de force au-delà des barrières, et que les funérailles se célébraient en dehors des murs. Mais je veux bien reconnaître pour un instant à la police le droit d'intervention, voyons ce qu'elle a fait et ce qu'elle avait à faire.

De quoi s'agissait-il ? D'une révolte, d'un

crime, de la violation d'une loi? Non, d'une simple contravention à un arrêté du préfet de la Seine, pas même à un réglement de police. Et que doit faire la police dans les cas de contravention ? Elle doit faire dresser un procès-verbal, et l'envoyer au ministère public, qui fait citer ensuite le délinquant. Ainsi l'autorité judiciaire seule devait être juge et de l'existence de la contravention, et de la peine à appliquer. Cette peine ne pouvait être grave : l'arrêté n'en prononce point, le Code pénal pas davantage; et même en supposant qu'une disposition générale pût être invoquée, il ne pouvait pas être question de plus de 3 ou 4 fr. d'amende. Quelle peine cependant infligeait la police, juge et partie en même temps ? Le sabre, la mort; oui, la mort; l'ordre sera exécuté, s'écriait-elle; et si on résiste, cinq cents sabres sont levés.... Voyez-vous ces chevaux furieux qui s'élancent au milieu de la foule; entendez-vous les cris des hommes écrasés, le tumulte, les plaintes, le carnage.... Sans doute la victoire vous fût restée, je veux le croire du moins; en général, dans tous les rassemblemens, au premier danger, le plus grand nombre se disperse; mais souvent aussi il se trouve de ces hommes qui ne savent pas fuir; et s'il s'en fût rencontré ! Je vais plus loin ; s'ils avaient eu des armes !.... Pour un fait qui n'était pas même un délit, on se serait donc battu sous nos murs! Et le lendemain, vous figurez-vous le deuil des familles, l'effroi, la consternation de tous.... Et ces bruits sinistres qui passent la barrière, qui s'étendent, qui se propagent sourdement dans les provinces.... « Le sang a coulé dans Paris; on s'y bat; l'autorité est menacée! Est-elle la plus forte?.. » Malheureux! dans un temps de partis! (Sensation vive et prolongée dans l'auditoire.)

Oui, je n'hésite pas à le dire; l'autorité est coupable d'être intervenue au milieu d'une cérémonie funéraire; elle est coupable d'avoir ordonné de sabrer les citoyens pour une insignifiante contravention à ses réglemens; elle est coupable d'avoir compromis la sûreté intérieure et la paix publique. Qu'elle vienne maintenant se plaindre de quelques mots qui l'ont blessée, de quelques piqûres qui ont affecté sa susceptibilité. Nous lui pardonnons ses plaintes, et nous lui faisons un reproche plus grave, celui d'avoir exposé la tranquillité du pays; qu'elle nous objecte les mots, nous lui répondons par les choses.

Et quelles sont ces injures, ces diffamations dont elle nous accuse? On lui a reproché d'être *susceptible;* est-ce trop dire d'une puissance qui se formalise de ce qu'un char funèbre est traîné par des hommes au lieu de l'être par des chevaux? On a ajouté *misérablement susceptible;* le niera-t-elle, quand, pour un si mince triomphe, elle met plus de mille hommes en campagne? On l'a appelée *tracassière :* comment ose-t-elle s'en offenser? on lui demande de fixer au *vendredi* le jour des funérailles. — Non, non, *mercredi.* — On insiste. — Eh bien, *jeudi.* — On persiste. — Soit pour *vendredi* (rires dans l'auditoire); ainsi elle tracasse sur des mots et sur des jours. Mais nous avons dit qu'elle était *odieusement tracassière :* pourquoi ne respecte-t-elle pas la cendre des morts? Pourquoi semble-t-elle persécuter la dépouille mortelle de l'homme qu'elle avait redouté pendant sa vie? Il y a quelque chose d'odieux dans la tracasserie, lorsqu'elle s'exerce en présence des tombeaux.

Nous l'avons accusée d'*imprudence :* j'ajouterai, moi, d'imprudence coupable : je juge les hommes d'éat, comme ils doivent l'être; en les mesurant à la hauteur de leurs fonctions; il y a plus que de l'imprudence à mettre toujours en avant et sans raison les baïonnettes et les sabres.

Mais, dit-on, vous avez aussi parlé de *lâcheté :* le mot est dur; je l'avoue. Que l'on songe cependant à la nature des faits qu'il s'agissait de qualifier. Trouvera-t-on par hasard quelque chose de généreux dans l'ordre de charger sur un peuple qui marche désarmé et en silence? Le reproche de lâcheté ne s'adressait pas d'ailleurs à un magistrat, mais à un acte, et la chose est assez grave pour que les blessures de mots disparaissent.

Enfin, les auteurs de la brochure ont dit qu'*une pareille conduite avait fait naître l'indignation et le mépris*. Ici ils sont narrateurs; ils expriment, ils rapportent ce qu'ils ont vu. Une autorité inquiète, tracassière, avait arraché des parens et des amis à leur douleur. Comme tout était misérable, on a dû en ressentir du mépris, mais comme à côté il y avait des armes et du danger, on a dû en même temps éprouver de l'indignation. Du reste, on n'a pas dit qu'en général la police fût *méprisable;* on a parlé d'un fait, et on l'a qualifié. Avant de juger la qualification, il faut donc apprécier le fait. La diffamation suppose nécessairement une intention d'attaquer et de nuire. Les amis de Manuel, illégalement provoqués, n'ont fait que se défendre. Ils avaient été blessés dans leurs sentimens les plus profonds. Partout la dépouille mortelle de l'homme est entourée d'un respect religieux; partout les funérailles sont sacrées. Chez les anciens, les guerres domestiques cessaient durant les solennités funèbres; et chez nous, c'est lorsque des hommages populaires sont rendus à la cendre d'un homme illustre, que l'autorité intervient, irritée et menaçante. Elle voit de la sédition dans les regrets et de la révolte dans les larmes.

J'en ai dit assez sur la police; le ministère public nous reproche en outre des imputations diffamatoires contre *l'administration générale*. Il a cité à ce sujet différens passages, tels que ces mots, de *pouvoir haineux* et d'*animosités de l'autorité* qui s'étendent au-delà même du tombeau : enfin, il vous a signalé l'ensemble de la brochure. Je n'admets pas cette latitude dans l'accusation; aux termes de la loi de 1819, la partie publique est tenue d'articuler ce qu'elle incrimine, sous peine de nullité des poursuites : articulez donc; si vous ne le faites pas, nous n'avons rien à répondre. J'accuse toute la brochure, dites-vous : mais c'est impossible : vous n'incriminerez sans doute pas les prépositions, les conjonctions et les adverbes : vous n'incriminerez pas la première ligne : *M. Manuel est mort.*

L'ordonnance qui lie le ministère public est singulière; elle signale plusieurs passages, comme *justifiant encore la prévention*. En matière criminelle, on ne peut admettre ces sortes de justifications; si un passage contient un délit, incriminez-le; s'il n'en contient point, laissez-le de côté. Cette manière d'accuser tout un écrit, sans rien spécifier, est nouvelle. C'est le délit de tendance que des journaux on veut faire descendre dans les brochures.

Nous entrerons toutefois dans quelques explications. On a dit que l'administration s'était montrée haineuse, que *la mort n'avait pas éteint ses animosités contre Manuel*. Personne ne prétendra, je pense, qu'elle lui ait, de son vivant, témoigné beaucoup de bienveillance et d'amour ; s'est-elle du moins réconciliée avec son souvenir après sa mort ? Les faits sont là pour répondre. Un ami de Manuel n'a pu faire insérer dans les journaux un article nécrologique, écrit pourtant avec une extrême mesure : il n'a pas même été permis d'annoncer le jour et l'heure des funérailles ; Manuel mort était à l'index de la censure : or la censure, c'est vous ; ce que les censeurs rejettent, vous n'en voulez pas ; vos répugnances sont écrites dans les rognures des journaux. Quoi donc ! l'administration interdit à l'amitié de jeter quelques fleurs sur la tombe de Manuel, et elle ne veut pas qu'on parle de sa haine ! Se piquerait-elle par hasard de n'avoir ni passions, ni antipathies ? Mais n'a-t-elle pas elle-même déclaré naguère, par l'organe d'un ministre, qu'elle était *partiale* ? Un autre ministre n'a-t-il pas prescrit aux fonctionnaires électeurs de voter suivant sa consigne, sous peine de destitution ?

On s'est fortement élevé contre l'improbation exprimée dans la page 25, et présentée sous la forme d'une réticence. A cela, je n'ai qu'un mot à répondre. Les lois de 1819 et 1822, d'accord avec la charte, garantissent à tous les citoyens le droit de critique contre l'administration. Nous avons le droit de dire, d'écrire et d'imprimer que nous ne l'aimons pas. Nous avons le droit d'en demander une autre. Au sein des chambres on use de cette faculté d'une manière plus large encore. Rappelez-vous les trois projets de loi rejetés d'une manière si éclatante par la chambre des Pairs ; rappelez-vous les paroles de condamnation mille et mille fois tombées du haut de la tribune ; rappelez-vous les services demandés, et les arrêts rendus ; et lorsque le ministère se présente ainsi flétri par des rejets, par des discours parlementaires et par des arrêts de la magistrature, sera-t-il défendu aux citoyens d'appeler de leurs vœux une administration différente ?

J'arrive à *l'offense envers la Chambre des députés*. Je ne pensais pas que ce chef de prévention dût être soutenu à l'audience. L'ordonnance de la chambre du Conseil n'en parle que d'une manière accessoire ; elle cite différens passages, et ajoute *qu'ils* PEUVENT *offrir le caractère d'offense envers la chambre des députés : qu'ils peuvent of-*

frir, ce sont ses expressions : c'est dire qu'il y a simple possibilité. Ainsi il est possible qu'il y ait offense, il est possible qu'il n'y en ait pas ; on laisse la faculté de choisir entre les deux opinions : hé bien, moi, prévenu, je choisis l'opinion qui m'est favorable ; et l'innocence prévaut en cas de doute.

Mais je trouve une autre fin de non-recevoir plus décisive encore dans la loi du 15 mars 1822. Aux termes des articles 15 et 16 de cette loi, les chambres ont le droit exclusif de poursuivre l'offense dirigée contre elles ; ou du moins, il faut qu'elles aient autorisé la poursuite.

Suivant le ministère public, il faut distinguer entre la Chambre des députés vivante encore, et la Chambre frappée de dissolution ; je réponds d'abord que c'est le ministère public qui établit cette distinction : la loi n'en dit mot. Or, en matière criminelle, les distinctions extra-légales ne sont pas admises. Mais, ajoute-t-on, l'offense demeurera donc impunie, puisque la chambre dissoute n'est pas là pour sévir, je le sais, j'en conviens. Mais si le législateur n'a point établi de moyen de répression au profit d'une chambre dissoute, c'est qu'il n'a point voulu lui en donner ; et la raison en est simple. Une chambre frappée de mort politique tombe dans le domaine de l'histoire. Est-ce que l'histoire ne pourrait s'écrire désormais qu'avec la permission de la police correctionnelle ? Non, Messieurs, les corps politiques deviennent justiciables des écrivains dès qu'ils n'existent plus comme corps politiques : pour eux alors, la postérité commence ; ils comparaissent devant la nation, dépouillés du prestige de la force et du pouvoir. Laissez la Chambre de 1823 dans le néant politique où elle est tombée ; ses actes seuls subsistent. Ils nous appartiennent, et nous avons le droit de les blâmer.

Telle est l'étendue et, en quelque sorte, la sainteté du droit de critique, qu'on en jouit même contre la chose jugée. Certes rien de plus respecté, de plus respectable même qu'un jugement. Et pourtant l'individu lésé par ce jugement l'attaque devant le tribunal supérieur, et alors même que cette juridiction sans appel lui a imprimé un caractère indélébile, l'auteur, le jurisconsulte arrive, qui le critique encore, et soutient que les juges se sont trompés. Ce genre de critique n'est même pas toujours exempt d'aigreur. Est-ce un jugement qui a été rendu contre Manuel ? Non sans doute, la chambre aurait été juge et partie. Etait-ce un acte administratif ? Le soutenir ce serait faire de cet acte une critique amère ; car je défie de trouver dans les lois un seul mot, et dans les tra-

ditions constitutionnelles , un seul précédent qu
le justifie. Or, je vous le demande, si cette mesur
ne s'appuie ni sur une loi, ni sur un exemple , s
c'est une mesure extraordinaire, ne peut-elle êtr
examinée et qualifiée extraordinairement ? Mais
dit-on, vous avez dépassé les bornes. Tenez, lisez
voici la protestation signée par 125 députés d
l'opposition de cette même chambre de 1823
« C'est avec une profonde douleur et une vive in
» dignation , disent-ils , que nous devons protes
» ter contre un acte illégal , attentatoire à l
» Charte, à la prérogative royale et à tous les prin
» cipes constitutionnels. » Ces expressions, son
les plus douces de la protestation. Voulez-vou
encore entendre les paroles de M. Royer-Collard
dont tous les partis reconnaissent la modération
Il traite cette mesure de coup d'état. Or, qu'est-
ce qu'un coup d'état, si ce n'est la victoire d'ur
parti sur les lois?

Ces mots d'*expulsion triomphale,* qu'on vous
dénoncés, n'ont pas besoin de justification. A-t-on
jamais songé à poursuivre les députés et les journaux dont la vive indignation trouva des expressions si énergiques ? A-t-on lancé des réquisitoire
contre les habitans de Lyon, de Tours et de Grenoble qui apportèrent à Manuel des couronnes
c'était pourtant là , assurément, l'improbation l

plus forte et la plus éclatante. Encore une fois, il s'agit de la qualification d'un coup d'état. Le parti qui a la puissance et qui en use doit avoir la sagesse de souffrir la plainte. En 1827, dans une brochure publiée à l'occasion de Manuel et en son honneur, il était impossible de ne point parler du plus grand événement de sa vie politique.

Reste un chef d'accusation, plus grave que tous les autres, non parce qu'il serait de nature à embarrasser la défense, mais parce qu'il porte sur un magistrat. J'ai lu et relu avec attention le discours qui vous est déféré ; je n'y ai rien vu qui pût motiver les inculpations du ministère public. Y a-t-on bien songé, Messieurs? Incriminer des paroles prononcées par un membre de notre haute magistrature! Les signaler comme une provocation à la révolte ! Supposer que les lois ont pu être ouvertement attaquées par celui qui a mission de les appliquer ! Nous le connaissons tous le magistrat honorable contre qui s'élève une si grave accusation ; nous le connaissons par sa courageuse impartialité, par son ardent amour de la justice, et nul ne pourra croire qu'il ait voulu, dans une harangue séditieuse, exciter au renversement de l'ordre public.

M. de Schönen était l'ami de Manuel; tout ce qu'il a dit comme ami est inattaquable; mais il a aussi parlé comme citoyen, et c'est comme citoyen qu'il aurait provoqué la multitude au renversement des lois! Tous les auditeurs ont conservé cependant une attitude calme et recueillie; nul accent, nul indice de sédition, où le discours a été prononcé. La prétendue provocation aurait donc été bien indirecte.

L'orateur a parlé des ennemis de Manuel comme des *éternels ennemis de la France*. Qu'y a-t-il dans cette déclaration d'identité qui puisse exciter à la sédition? Prétendra-t-on que le gouvernement du Roi, que le prince lui-même... je n'ose achever. Non, Messieurs, entrez dans la pensée de l'orateur, pénétrez dans son expression même, vous reconnaîtrez facilement ceux dont il parle, ceux qu'il accuse : c'est à un parti qu'il s'adresse. Et qui oserait supposer que le trône tînt à un parti? La pensée de l'orateur n'a rien d'équivoque? il dit, en parlant de l'expulsion de Manuel, que *la France entière eût dû protester par d'unanimes réélections*. Il espère qu'aujourd'hui il y aurait plus de fermeté et de zèle; son motif, c'est que les nations se réveillent tôt ou tard, et que pour la France le moment est arrivé. Qu'y a-t-il d'inconstitutionnel dans ces regrets et dans ces vœux? Le souverain n'est-il pas nanti du droit d'appeler la nation à des élections générales? Ce droit n'est-il pas inhérent à la couronne? Pensez-vous qu'on offense la majesté royale en la suppliant d'user de sa prérogative? N'est-ce pas au contraire se réfugier auprès d'elle et lui rendre hommage comme à une puissance de conservation et de salut?

On aurait, suivant le ministère public, appelé, excité le réveil du peuple, et il s'est plu à faire ressortir cette expression. Vous regretterez, comme moi, Messieurs, qu'elle soit échappée à M. l'avocat du Roi; elle se rapporte à des doctrines et à des hommes qui n'ont d'analogie ni avec les doctrines ni avec les hommes de notre époque. M. l'avocat du Roi s'est même trompé dans les souvenirs qu'il a voulu rappeler; il ignore sans doute, et son âge le justifie, que le *réveil du peuple* était un chant de réaction qui a ensanglanté tout le midi de la France. Le passage du discours qui donne lieu à ces interprétations est celui-ci : « Les nations » comme les individus ont malheureusement leurs » momens de faiblesse ou d'abandon, mais elles » se réveillent. » Quoi de plus vrai, néanmoins en politique et en morale? Oui, les nations comme les individus ont leurs momens de sommeil; mais elles finissent par se réveiller. L'histoire est là pour en porter témoignage. Pourquoi voulez-vous qu'il s'agisse ici d'un *réveil armé*, d'un appel factieux aux passions populaires? Le réveil qu'invoque l'o-

rateur, c'est celui des citoyens armés du droit
électoral; ce qu'il espère, ce sont des élections
meilleures, toutes ses paroles expliquent sa pensée,
et lorsqu'il parle de *l'excès de nos maux*, comme
devant *assurer notre salut*, il veut dire évidem-
ment, d'une manière moins simple, mais plus noble, que c'est précisément parce que l'opinion nationale a moins de représentans aujourd'hui dans
la chambre des députés, qu'aux prochaines élections elle en aura davantage.

Oui, voilà ses espérances, celles que partagent
et qu'expriment chaque jour comme lui un nombre immense de citoyens. Si vous les réputez cri-
minelles, il faut élargir votre action, l'étendre d'un
bout à l'autre du royaume; vous ne manquerez pas
d'individus à traduire en police correctionnelle.

En voilà assez pour la complète justification de
la brochure incriminée et de tous les passages
qu'elle renferme. Permettez-moi une dernière ob-
servation sur la situation singulière où l'accusation s'est placée à l'égard de mon client, M. Mignet. Les lettres dont j'ai donné lecture au com-
mencement de l'audience, ont effarouché le ministère public. Il ne veut point mettre en accusation
ceux qui se dénoncent eux-mêmes. M. Laffitte
coupable! s'est-il écrié. C'est impossible. Le rôle
qu'il a joué dans la journée du 24 août dément

ses propres déclarations. D'après cela, vous aurez cru sans doute, comme moi, que les paroles prononcées par M. Laffitte n'était l'objet d'aucune inculpation. Eh bien ! non ; page 22, on a incriminé des paroles qui sont les siennes, et pourtant on ne lui permet pas de comparaître sur le banc des prévenus. Il en est de même de MM. La Fayette, Manuel et de Schonen. Le ministère public n'abandonne aucune partie du prétendu délit, mais il ne veut pas d'un si grand nombre d'accusés ; il recule devant eux, il s'en effraie, et si M. Mignet en parle ; il lui reproche de vouloir se mettre sous la protection de leur présence. Non, M. Mignet ne recherche aucune protection ; il se protège lui-même par un haut talent et par une réputation déjà faite, à l'âge où tant d'autres la commencent. Cependant si le ministère public ne poursuit pas ceux des auteurs de la brochure qui se sont déclarés d'eux-mêmes, sans doute c'est qu'il juge que là brochure est innocente. Sa plainte contre M. Mignet doit donc être rejetée.

L'ouvrage que vous allez juger, Messieurs, est un écrit de l'opposition, un écrit du parti populaire. Dans tous les lieux, dans tous les temps, les défenseurs du peuple se sont trouvés en présence des partisans de l'aristocratie ; leur lutte perpétuelle a fourni des pages sanglantes à l'histoire de tous les pays. En France, après de longs et cruels débats, la Charte est venue, loi de paix et d'alliance, qui a dit aux deux partis de poser les armes et de se reconcilier. Fidèle à cette mission de paix, le gouvernement doit se renfermer dans la sphère des lois, et ne pas en protéger un au préjudice de l'autre. Pourquoi refuser au peuple le droit d'honorer la cendre de ses défenseurs? Un jour peut-être l'aristocratie aura aussi à consacrer la mémoire de ceux qui l'auront glorieusement servie. Qu'elle sache donc respecter aujourd'hui les funérailles populaires ; qu'elle cesse d'engager continuellement des luttes de force et de puissance, et un jour, sans doute, s'établiront entre toutes les classes de citoyens cette union constante et cette noble émulation, d'où sortiront la paix et la prospérité publiques. »

RÉPLIQUE.

Messieurs, vous n'avez pas à juger un simple procès de diffamation et d'outrages; ce sont les libertés publiques même qui sont mises en question; vous avez pu vous en convaincre à la dernière audience, et quelques mots que j'ajouterai vous le prouveront plus encore. Je soutiens que l'autorité n'avait pas le droit d'intervenir aux obsèques de M. Manuel ; je soutiens encore que, dans tous les cas, elle ne pouvait employer la force ni même la menace ; je soutiens enfin qu'elle a été provocatrice, et que, les expressions dont elle se plaint seraient excusables, lors même qu'elles auraient dépassé le droit constitutionnel de critique et de censure.

Je dis qu'elle n'avait pas le droit d'intervenir aux obsèques de M. Manuel. Et, en effet, qu'importe à la loi, qu'importe à la sûreté publique qu'un char funéraire soit traîné par des chevaux ou par des citoyens qui veulent rendre un plus grand témoignage de leurs regrets ? L'autorité se fonde sur l'arrêté de l'an 11 ! lors de ma première plaidoirie, je ne l'avais pas sous les yeux ; je l'ai maintenant, et j'y ai trouvé une ample confirmation de tout ce que j'avais avancé. Alors, il n'existait en France, ni culte, ni cérémonies extérieures. La dépouille des morts était abandonnée à des porteurs salariés, et souvent le cercueil confié à leurs soins restait délaissé sur la voie publique. Dans le préambule de son arrêté, le préfet de la Seine s'élève contre cette *nudité des sépultures* : « Les institutions funéraires, dit-il, » sont un des premiers besoins de la civilisation... » Il est digne de la première ville de la République, » que, de commander, par son exemple, *la dé-*

» *cence des inhumations,* et surtout de consa-
» crer, comme un devoir de piété communale,
» *le soin de la sépulture du pauvre.* » En conséquence, il arrête, art. 1er, 2e, 3e et 4e, qu'il sera
établi, hors de la ville de Paris, trois enclos de
sépulture ; qu'au centre de chacun de ces enclos,
il sera élevé un luctuaire ou salle de deuil, et
que, dans la ville, il sera érigé six temples funéraires pour servir de dépôt avant le transport.
Vient ensuite l'art 5 : « Aucun transport funèbre
ne sera fait désormais à bras, mais avec char attelé de chevaux. »

Cette disposition se rattache essentiellement à
ce qui précède ; elle a été prise dans l'intérêt de
la *décence publique,* comme un devoir de *piété
communale* envers le pauvre, et pour environner
de quelques honneurs *sa sépulture.* S'il était besoin de l'établir, j'en trouverais la preuve dans
l'art. 6, portant que la commune de Paris fera les
frais de transport pour l'indigence ; je la trouverais surtout dans l'art. 8 du § 1er, et dans le § 2
art. 23.

Le 1er de ces deux articles porte : « Le mode
» ordinaire des obsèques pourra, au gré des fa-
» milles, être augmenté *de tout ce qu'elles juge-*
» *geront propre à le rendre plus solennel,* sans
» contrevenir aux lois. »

Le second : « Conformément aux dispositions
» de l'art. 8 du § 1ᵉʳ du présent arrêté, les pa-
» rens, héritiers et autres intéressés, pour qui le
» soin de régler particulièrement la forme des ob-
» sèques de la personne décédée, *est à la fois un*
» *droit et un devoir*, pourront ajouter au mode
» ordinaire ci-dessus établi, *tout ce qu'ils juge-*
» *geront propre à le rendre plus solennel*, sans
» contrevenir aux lois. »

Dans ces dispositions, il s'agit des familles ri-
ches et des morts illustres. Dit-on cependant que
le transport à bras restera défendu ; non sans
doute, car·le transport à bras peut devenir un
honneur, et une solennité de plus ; or, d'après
l'arrêté, les parens restent maîtres de faire tout
ce qui peut donner plus de solennité au cortége.
Tel est aussi le sens, tel est aussi le vœu, non plus
d'un simple arrêté administratif, mais des décrets des 12 juin 1804, et 18 mai 1806, que je
vous ai lus à la dernière audience, et qui forme
encore aujourd'hui la loi de la matière ; en l'an
11, en 1804, en 1806, l'autorité s'attachait à
proscrire la *nudité* des sépultures et non les hommages de l'amitié ou de la reconnaissance ; elle
voulait rétablir la morale publique, et non res-
treindre dans leur essor les sentimens les plus
généreux ; enfin elle voulait empêcher d'insulter

et non de rendre honneur à la cendre des morts.

Que la police laisse donc l'arrêté de l'an 11, qu'elle cesse de s'en faire un titre pour troubler les funérailles ; la force publique ne, doit point se montrer où sont les larmes et la douleur.

Je suppose cependant que cet arrêté lui ait donné le droit d'intervention, et que le transport à bras soit prohibé dans tous les cas. Je soutiens du moins, et c'est ma seconde proposition, que la police ne pouvait ni employer la force ni même en faire la menace.

Ici une grande question s'élève ; il s'agit de savoir dans quel cas, pour assurer l'exécution de ses ordres, l'autorité peut recourir à la puissance de ses armes.

L'autorité a son droit, les citoyens le leur ; entre eux et elle se trouve la loi, la loi immuable, qui commande à tous et que chacun doit reconnaître. Nul ne peut, ne doit l'enfreindre ; le pouvoir, pas plus que le simple citoyen ; elle est la parole, la volonté, la règle universelle. Quoi donc ! notre vie serait-elle chose si méprisable qu'elle fût abandonnée aux caprices d'un gendarme ! le sang des peuples serait-il toujours prêt à ruisseler, et l'autorité pourrait-elle à son gré faire tonner dans nos rues le canon et sa mitraille ! Qu'une pareille doctrine soit prêchée en Asie et sous le glaive du sultan, je le conçois, l'esclave ne doit jamais se plaindre, car il est esclave ; pour lui point de garanties ; sa personne, ses biens, ses droits, tout est dans la volonté, dans la propriété du maître, qui peut user et abuser ; mais nous, grâce au ciel, nous n'en sommes pas à ce degré d'abaissement ; nous avons reçu des institutions libres ; les attributions de l'autorité sont fixées, et, nobles organes des lois, des magistrats sont créés pour la juger lorsqu'elle les dépasse.

Le législateur a tout prévu. Si un peuple irrité s'agite et fermente ; si la sédition éclate, qu'on entende les cris, qu'on voie les armes ; si la menace, si l'incendie, si la mort volent de toutes parts ; que l'autorité arrive et se présente ; qu'elle vienne avec ses masses disciplinées. Et cependant, qu'elle se garde d'abord d'employer les armes ; même dans ces momens terribles où la loi est oubliée, elle veille encore, elle veille pour protéger ceux qui la méconnaissent. Avant tout, l'ordre de se dissiper doit être lu ; trois fois les révoltés doivent être avertis de leur crime ; trois fois ils doivent être prévenus de leurs dangers. S'ils résistent, vous que la loi a chargés de son glaive, mettez un bandeau sur vos yeux ; obéissez, mais à regret, tout vous est permis alors, car l'État est en danger. Que la mort s'échappe donc de vos armes ;

détruisez la révolte ; et vainqueurs, mais pleurant sur vos victimes, quand vous viendrez rendre compte au magistrat de vos tristes succès, vous recevrez de sa bouche le bill d'indemnité et des éloges.

Hors de là, hors de ces cas de tumultes et d'alarmes, la force publique n'a point de droit par elle-même sur la vie des citoyens ; il faut que ce droit lui soit concédé par le juge, et qu'il s'agisse de l'exécution d'un arrêt. Pourquoi donc, au milieu de la paix, quand elle n'a le motif ni l'excuse de l'urgence, serait-elle autorisée à recourir aux rigueurs de la guerre ? Si une contravention, un délit, un crime est commis, que la police le constate ; qu'elle fasse plus, s'il y a flagrance et fait grave, qu'elle saisisse le coupable ; mais ensuite, elle doit le traduire devant le juge ; là finissent tous ses droits, et, comme nous, elle doit attendre la décision judiciaire avec respect et silence. Autrement, voyez donc le danger ! à en croire la police, quand elle donne un ordre, il faut l'exécuter, et si l'on n'obéit pas, elle a le droit de faire un appel à ses baïonnettes. Ainsi, d'elle-même et de son chef, elle prononce une peine contre tous ceux qui lui résistent, et cette peine, c'est la plus grave de toutes, c'est la mort. Mais à la loi seule appartient d'ériger les actions en délits et de déterminer les peines. Et si cette police, qui a tant de foi dans sa sagesse, s'était trompée sur le sens de la loi ; si le fait qu'elle a condamné n'était pas même punissable ; si du moins le législateur ne l'avait frappé que d'une peine légère, serait-il temps de recourir aux magistrats, quand le fossoyeur ouvrirait ses tombes !

La police réclame le droit de donner des ordres et de punir la résistance ; elle usurpe donc les fonctions législatives, car ses ordres deviendront des lois : elle réclame le droit de commander l'application de la peine à ceux qu'elle juge coupables; elle usurpe donc les fonctions judiciaires, car au juge seul il appartient de dire qu'un crime a été commis, et par qui il a été commis : enfin elle prétend avoir le droit de punir et de frapper à l'instant même ; et de cette manière elle se donne à la fois le pouvoir de décréter, de juger et d'exécuter ses arrêts. Ne doit-on pas frémir devant des prétentions si inouïes ! A quoi serviront désormais nos formes constitutionnelles ? Pourquoi des chambres qui décrètent, un prince qui sanctionne et des tribunaux qui appliquent ? Laissons, laissons de côté ce mécanisme trop compliqué où nous croyions entrevoir des garanties. Nous avons la police, seule elle suffira à nos besoins et à nos vœux ; nous savons en effet combien elle protège la liberté de nos pensées par sa censure et celle de nos actions par ses gendarmes.

Non, non, je le répète ; nous n'en sommes pas venus à ce point, qu'un fonctionnaire inconnu nous commande et nous opprime, et que, nonveau visir, du fond de son palais, M. le directeur de la police, au lieu d'un cordon nous envoie des sabres. Hors le cas de rebellion armée, la force publique ne peut jamais sévir de son chef contre les citoyens ; elle doit dresser des procès-verbaux, constater les délits et les crimes, même en cas de flagrance, saisir les coupables ; mais ensuite elle doit attendre que la magistrature ait prononcé ; seule l'autorité judiciaire a le droit de dire quel est le délit, la peine et le coupable. Jusqu'à sa décision, il est interdit à la force publique de se servir de ses armes ; il lui est interdit même d'en menacer ; car l'abus de pouvoir et les menaces de mort sont un crime que la loi caractérise. Voilà les principes, qu'on s'en écarte, et il n'y a plus en France qu'une police et des esclaves.

Ces doctrines ainsi établies, rapprochons-nous des faits.

Le cortége s'avançait dans le recueillement et le silence. Point de cris, point de menaces, rien qui pût alarmer l'autorité la plus inquiète ; un commissaire de police, un officier d'état-major, deux ou trois compagnies de gendarmerie départementale précédaient ou suivaient, sans élever aucune plainte; au contraire ils rendaient hommage à l'attitude religieuse, à la piété de cette foule immense.

Mais, dit-on, le char funéraire n'était pas traîné par des chevaux. Voyons; quel est ce fait! Un délit, un crime? Non, la loi pénale n'en parle pas. Une contravention? Je le veux bien, je l'accorde; une contravention, non à un décret ou à une loi, pas même à une ordonnance de police, mais à un arrêté de l'an XI, à un arrêté du préfet de la Seine, à une simple mesure d'administration. Quelle est la peine que cet arrêté prononce? Aucune; et il ne pouvait en prononcer aucune en effet; car un préfet n'a pas le droit de créer des délits et de décréter des peines.

Et c'est pour un fait qui n'était pas même punissable, que l'autorité vient troubler la solennité des sépultures; qu'elle se met en face du peuple, arrête un cortége, déploie ses forces, et menace, si on ne lui obéit, de la puissance de ses sabres! Quoi, si on resiste, des milliers d'hommes périront pour un fait qui, devant les tribunaux, n'aurait pas entraîné trois francs d'amende! Et la peine de mort, cette peine dont nos lois et nos juges sont si avares, sera infligée à tout un peuple, sans loi, sans jugement préalable, sur le simple caprice d'un commandant de gendarmerie qui ne connaît ni les lois ni son devoir ! Qu'on me dicte donc des termes modérés pour qualifier de pareilles prétentions ; je n'en trouve point, et, dans ma pensée, je vais plus loin que M. Mignet dans sa brochure.

On dira, je le sais, que la force doit rester aux lois ; qu'un ordre avait été donné, et que l'autorité veut être obéie, sous peine de tomber dans le mépris.

La force doit rester aux lois ! C'est précisément ce que je soutiens ; oui, je le répète et le répéterai toujours, il n'y a de salut pour tous que dans l'exécution des lois. Dites-moi donc celles qui avaient été violées, car je n'ai vu nulle part dans nos Codes qu'il faille considérer comme lois vos volontés.

L'autorité doit être obéie, je le concède, et pour la seconde fois je me trouverai d'accord avec vous ; j'irai même plus loin, et ce n'est plus une simple concession que je vais vous faire, je m'empare de votre principe ; il est le mien, je le déclare. L'autorité doit être obéie, mais quand elle agit selon les lois. Le dogme de l'obéissance passive n'est plus de nos jours ; un ordre illégal n'oblige personne, pas même l'inférieur à qui il est adressé. Ce n'est pas la force qui donne le droit, mais la justice; et la force qui a trop souvent tort, tôt ou tard doit cesser d'être force, car elle appelle les résistances. L'autorité dont les ordres restent sans exécution perd de sa puissance morale, il est vrai; mais il ne faut pas confondre l'autorité avec le fonctionnaire. L'autorité vient de plus haut; elle tient au prince qui ne doit jamais figurer dans nos débats. Quant aux fonctionnaires, s'ils veulent conserver des droits à la considération publique, qu'ils cessent de donner des ordres illégaux. S'ils persistent, qu'ils soient remplacés : leur destitution, dans un ordre constitutionnel, suffit à tous les mécontentemens.

Mais, dit-on, il existait un rassemblement immense. La police, chargée du maintien de la tranquillité publique, ne pouvait rester inactive; elle ne doit pas souffrir que le peuple se rassemble; car en se réunissant, il apprend à connaître sa force et sa puissance.

Je vois deux parties dans l'objection. La police, dit-on, ne pouvait rester inactive! C'est possible; je veux être large dans mes concessions; et, je l'avoue, des précautions lui était permises. Toute la gendarmerie était sous les armes : je ne m'en plaindrai pas; toutes les troupes consignées dans leurs casernes : je rirai de ces craintes futiles, preuves d'inquiétudes et de faiblesses ; mais je n'y verrai rien d'illégal, ni de coupable. L'illégalité a commencé quand, pressant le cortége entre deux lignes de bataille, l'autorité s'est précipitée sur les citoyens, en leur criant : « Abandonnez ce char, » ou je vous sabre. »

La police, ajoute-t-on, ne doit pas souffrir que le peuple se rassemble. Où donc a-t-elle pris cette doctrine ? Quelle loi l'autorise à dissiper des rassemblemens paisibles ? Quelle loi interdit au peuple de se réunir pour rendre un pieux et silencieux hommage à la mémoire de ses défenseurs ? Les chefs de la police diront sans doute qu'ils ont agi comme hommes d'état. Des hommes d'état qui, pour une misérable querelle, exposent la capitale à un massacre et les provinces à la guerre civile !

Je le dïs avec une conviction profonde, la police a dépassé ses pouvoirs ; elle a été coupable, elle a provoqué des citoyens paisibles, et s'il est une chose déplorable, c'est de voir des fonctionnaires supérieurs et des commandans de la gendarmerie aussi peu instruits de leurs devoirs. Avant tout, ils devraient connaître et respecter les droits des citoyens.

La police a été provocatrice ; mais dans un acte illégal, sur qui doivent retomber le blâme et la peine? sur celui qui l'a provoqué induement, ou sur celui qui s'est défendu?

Dans tout délit, il faut examiner l'intention; dans celui de diffamation, comme dans tout autre. Un fait ne mérite par lui-même ni blâme ni éloge; l'intention seule le caractérise. Ainsi, par exemple, l'homicide, crime, s'il est l'œuvre de la perversité, excusable s'il est commis en défense légitime, devient un acte innocent ou même de vertu, quand la loi l'ordonne. Aussi le législateur punit-il moins le fait que la volonté, et c'est pour cela qu'il s'attache avec soin à relever les circonstances qui peuvent établir la préméditation. Si le délit a été le résultat d'une volonté réfléchie et criminelle, que le coupable paye sa dette envers la loi; car il a troublé méchamment la paix publique; il est dangereux pour la société, et il est puni alors non-seulement en réparation du passé, mais dans la crainte de l'avenir et pour l'exemple des autres.

Les mêmes motifs de sévir ne se rencontrent pas, quand l'auteur du délit a été provoqué. Sans la provocation, le fait n'aurait pas eu lieu; le provocateur est donc le vrai coupable, et quant au provoqué, sa volonté n'est pas criminelle, son existence n'est pas un danger pour l'ordre social. C'est lui qui a été troublé dans ses actions. A la vérité on aurait pu lui demander plus de sagesse ; mais les hommes sont nés passionnés, et le pardon des injures, cette vertu sublime enseignée par la morale, n'est pas exigée par la loi. Ne voyez pas, Messieurs, dans ces considérations, une doctrine purement spéculative ; elle est plutôt d'application journalière. La provocation est d'une telle importance aux yeux du législateur qu'il s'en est spécialement occupé dans le Code pénal. Le chapitre des *crimes et délits excusables* est fondé en effet presque tout entier sur ce principe, que la provocation, soit physique, soit morale, excuse et affranchit des peines. Tous les jours ne voyons-nous pas devant vous, lorsqu'il s'agit de mauvais traitemens ou d'injures, que vous cherchez le provocateur pour le punir, ou, s'il est plaignant, pour rejeter sa plainte ?

Ces principes, vrais entre particuliers, le sont encore plus à l'égard des fonctionnaires. On pardonne des passions aux individus, on ne les pardonne point au pouvoir ; car il représente la loi qui n'a point de passions. Les agens de l'autorité sont délégués pour le maintien de la paix publique ; ce n'est donc pas à eux de la troubler par des provocations. Ils remplissent un mandat ; ils doivent donc apporter dans leurs fonctions la prudence et la sagesse d'un mandataire, et leur responsabilité est d'autant plus grande, que le mandat dont ils sont chargés, leur donne pour eux-mêmes les honneurs et la fortune. Aussi, d'après une loi précise, le fonctionnaire qui commet un délit, doit-il toujours être frappé du *maximum* des peines.

Ainsi, en résumé, dans les procès en diffamation contre le pouvoir, il faut distinguer deux cas. Si les offenses ont été gratuites, le juge doit se montrer sévère contre leur auteur; si elles ont été provoquées, si elles l'ont été surtout par un acte illégal dont l'écrivain a été victime, il doit se montrer sévère contre l'autorité. Et dès-lors, j'ai deux armes également puissantes pour repousser l'accusation actuelle. Je soutiens que les auteurs de la brochure inculpée n'ont pas dépassé les limites du droit constitutionnel de critique et de censure qui leur appartient comme à tous les citoyens; je soutiens en outre, que, lors même qu'ils l'auraient dépassé, ils seraient excusables, parce qu'ils ont été provoqués par les mesures illégales de la police, et que, si elle peut leur reprocher des paroles, ils peuvent avec plus de raison lui reprocher des actes.

Les principes ainsi établis, Me Mauguin reprend, en peu de mots, chacun des chefs de la prévention. Il s'explique de nouveau sur les expressions de *haîne*, de *tracasserie odieuse*, de *susceptibilité misérable*, etc. ; il termine cette partie de sa réplique par une remarque sur les dégradations dont le cimetière de l'Est a été le théâtre. « Sans doute, dit-il, il faut les déplorer, mais on ne saurait y voir un délit ; elles s'expliquent par la présence de cent mille personnes dans le cimetière. C'était à l'autorité de prendre les mesures nécessaires pour les prévenir.

« On reproche à la brochure, ajoute-t-il, de contenir des plaintes contre l'administration en général. Faudra-t-il désormais faire l'éloge des ministres sous peine d'être traduit en police correctionnelle ? Et depuis quand ne pourrait-on porter devant le public , par la voie de la presse , des plaintes qui sont soumises à la majesté royale elle-même par la voie des adresses ? Dans celle que vient de présenter le tribunal de commerce de Saint-Quentin, nous trouvons ces passages : « V. M.
» se ferait illusion sur l'état de nos affaires en les
» jugeant d'après l'apparence, dans ce moment
» d'allégresse publique. A l'aspect des souverains
» qu'on aime, tout prend un air de satisfaction et
» de fête ; cette activité qui règne encore dans nos
» ateliers, est moins l'effet d'une prospérité croissante , que le dernier effort d'une industrie
» épuisée.

» Nous ne devons pas le dissimuler, Sire, l'es-
» poir de temps meilleurs, la crainte de perdre
» entièrement des capitaux engagés, soutiennent
» seuls nos établissemens: plusieurs d'entre nous,
» après de nombreux sacrifices, ont été forcés de
» congédier leurs ouvriers ; d'autres seront bientôt
» réduits à les imiter, et ce n'est pas sans douleurs
» et sans inquiétudes que nous voyons, aux ap-
» proches de l'hiver, s'augmenter à chaque instant
» le nombre des familles malheureuses et privées
» de travail. »

Ainsi, le commerce se plaint de la détresse
publique ; à qui peut-on l'attribuer, si ce n'est à
l'administration ministérielle ! Certes, il n'en est
pas de critique plus amère que cette adresse, et
cependant, le monarque l'a entendue !

La brochure reproche à l'administration d'être
partiale. Et l'administration ose se plaindre ! et
elle aspire aux honneurs de l'impartialité ! mais
devant la Chambre, elle a dit tout le contraire. Je
ne voudrais que la cause même pour la convaincre
d'avoir deux balances. Lorsqu'il s'est agi de troubler les funérailles du vertueux duc de Liancourt,
de M. de Girardin et de M. Manuel, la police est
allée chercher, dans un arrêté de l'an xi, tout-à-
fait inconnu, un art. 5 fort innocent du mal qu'on
lui a fait faire. Mais depuis douze années, à Paris

et dans toute la France, de scandaleux débats se sont agités sur des cercueils; souvent l'église a refusé ses portes et ses prières aux restes mortels de ceux qui n'avaient pas invoqué sa dernière assistance. Pourquoi donc l'autorité, si occupée de compulser les lois sur les sépulcres, n'a-t-elle pas poussé ses recherches jusques aux décrets du du 12 juin 1804 et du 18 mai 1806; elle y aurait trouvé cette disposition formelle. « Lorsque le ministre d'un culte, *sous quelque prétexte que ce soit, se permettra* de refuser son ministère pour l'inhumation d'un corps, l'autorité civile *soit d'office, soit sur la réquisition de la famille, commettra* un autre ministre du même culte pour y remplir ses fonctions; dans tous les cas, l'autorité civile est chargée de faire porter, *présenter,* déposer et inhumer les corps. » Ces décrets sont encore obligatoires, ils sont lois de l'état, ils ont été rendus sous le régime de la liberté des cultes, et ils ont une autre force que le simple arrêté d'un préfet. Mais si la police était allée plus loin, elle aurait vu qu'ils ne contiennent rien que de conforme à notre ancienne jurisprudence; elle pouvait consulter nos arrêtistes; elle y aurait trouvé un arrêt du parlement de Paris, de 1752, qui condamne un ministre du culte à 400 fr. d'amende pour avoir refusé son ministère, sur le motif que le défunt ne l'avait pas appelé à son lit de mort et avait cessé de paraître à l'église depuis plus de vingt années (1).

Me Mauguin s'occupe ensuite de l'offense prétendue envers la chambre des députés ; il revient en quelques mots sur les deux fins de non recevoir qu'il a présentées ; l'une tirée de ce que la chambre du conseil n'a pas signalé ce chef de prévention ; l'autre de ce qu'il faudrait avant tout l'autorisation de la chambre actuelle. « Au fond, dit-il, la chambre de 1823 n'existe plus, et pourquoi a-t-elle été frappée de dissolution si ce n'est parce que les conseillers de la couronne ont blâmé ses actes ; elle se présente donc à nous avec la réprobation de l'autorité même qui aujourd'hui veut la défendre. Les temps historiques sont venus pour elle ; pour les hommes, l'histoire commence à leur mort, pour les corps politiques à leur dissolution ; voudrait-on nous empêcher d'écrire sur les événemens et les choses dont nous avons été témoins ? Un droit dont Tacite usait sous le pouvoir absolu des empereurs, nous serait-il interdit sous la Charte ? Il importe à l'intérêt de tous que l'histoire soit exactement recueillie ; car elle est la première leçon des peuples et des rois ; or, com-

(1) Voir le Répertoire de jurisprudence, Vo. Sépulture.

ment arriverait-elle à la postérité, si on l'interdisait aux contemporains ?

Mᵉ Mauguin passe au discours de M. de Schonen incriminé comme contenant une provocation à la révolte. Il ne consentira jamais à reconnaître un délit aussi grave dans les paroles d'un magistrat dont tout le barreau respecte l'impartialité et la justice, et qu'il s'honore en particulier de compter au nombre de ses amis les plus chers. Vous parlez de révolte ! Montrez-moi un peuple armé, s'élançant en fureur vers le palais des rois, et y portant la mort et l'incendie; je la reconnaîtrai à ces sanglans caractères. La provocation à la révolte est donc un appel aux armes. Mais dans le discours incriminé, où est-il dit un mot des armes, et parmi ceux qui l'ont entendu, qui a songé à en prendre ? L'orateur n'a émis qu'un seul désir, celui de voir une autre chambre; il se plaint du sommeil des électeurs; il compte pour l'avenir sur leur fermeté, sur leur vigilance ; et les dernières élections prouvent que ses espérances ne seront pas trompées. Sans doute, dans chaque terme du discours, on peut voir une improbation éclatante de l'administration; mais dans un régime constitutionnel, l'administration est dévouée à nos censures, et si nous sommes forcés de lui obéir, nous avons du moins le droit de la critiquer. Ce mot *abaissement* sur lequel insiste l'accusation ne peut s'entendre que de *l'abaissement administratif.* L'orateur trouve humiliant pour nous de vivre sous nos ministres. Sous M. de Cazes, l'opposition de droite se faisait-elle faute de déclamations ? Laissez-nous donc nous plaindre également de MM. de Villèle, Peyronnet et Corbière. Ces cris de l'opinion publique n'ont rien d'alarmant ; ils tiennent au mécanisme constitutionnel. C'est ce mouvement des partis qui fait la vie de l'état ; c'est de ce concours, de ce choc d'opinions et de sentimens divers que doit sortir un jour la prospérité nationale. Gardez, gardez-vous d'étouffer ces symptômes de vitalité politique ; l'état mourrait, ou plutôt nous retournerions au régime de nos pères ; à ce régime qui a enfanté la révolution et ses écarts.

Me Mauguin termine par quelques mots sur la position de son client. M. Lafitte et M. Manuel jeune se sont déclarés avec lui les auteurs de la brochure ; mais le ministère public ne veut pas s'en rapporter à leur déclaration. A l'entendre, ils ont tort ; ils ne savent plus ce qu'ils ont fait, et l'accusation, qui n'y était pas, le sait beaucoup mieux. Malgré ces ménagemens, elle inculpe cependant le discours de M. Laffitte, et celui de M. le général La Fayette qu'elle n'ose pas non plus mettre en cause. Je conçois l'embarras de M. l'avocat du roi, et je rends justice à son caractère; il n'est pas habitué à distinguer ainsi entre les coupables. Mais, de sa conduite, je conclus malgré lui-même, qu'il trouve M. Mignet innocent. C'est la brochure qui est inculpée; le sort de ses auteurs doit donc être égal; et en déclarant qu'il ne pouvait ni ne voulait suivre contre MM. Laffitte et Manuel jeune, le ministère public a reconnu par-là même qu'il doit être déclaré non recevable contre M. Mignet.

Une considération domine la cause. Les amis de M. Manuel ont été troublés dans leur douleur. Au milieu du silence des funérailles, ils se sont vus cernés par la gendarmerie, menacés de ses armes, et des milliers de citoyens qui partageaient leur deuil ont été exposés à périr avec eux. A cette conduite inconcevable, ils ont répondu par de justes plaintes; elles peuvent être amères, mais il y a eu provocation, et le tribunal ne consentira jamais à leur en faire un crime.

TRIBUNAL DE POLICE CORRECTIONNELLE.

Présidence de M. Huart.

AUDIENCE DU 28 SEPTEMBRE 1827.

Jugement.

« Après avoir entendu, aux audiences des 19 et 26 septembre du présent mois, les sieurs François-Auguste-Alexis Mignet en personne, et Mauguin son avocat; Auguste Sautelet et J.-B. Marcelin Gaultier-Laguionie aussi en personnes, et Renouard leur avocat, M. de Schonen, par Lelong son avoué en leurs moyens de défense, conclusions et plaidoiries respectives, ensemble M. de la Palme, substitut de M. le procureur du Roi en ses conclusions et réquisitions, et après en avoir délibéré en la chambre du conseil, jugeant en séance publique et en premier ressort.

» Vu la brochure en 30 pages intitulée : *Relation historique des obsèques de M. Manuel, ancien député de la Vendée*, et terminée par ces mots : *Aide toi, Dieu t'aidera*, imprimée à Paris, par Gaultier-Laguionie, ensemble toutes les pièces de l'instruction et les différentes lettres de MM. Laffitte, Manuel jeune et La Fayette;

» En ce qui touche la rédaction à laquelle le sieur Mignet convient avoir participé avec MM. Laffitte et Manuel jeune qui le reconnaissent, et les deux chefs de prévention déterminés par l'ordonnance du 5 septembre présent mois :

» Attendu qu'après avoir littéralement répété à la page 26 quelques fragmens du discours improvisé sur la tombe du sieur Manuel par M. de Schonen, et avoir imprimé comme celui-ci l'avait proféré, que « les nations comme les individus ont » malheureusement leurs momens de faiblesse et » d'abandon, mais qu'elles se réveillent » et en ajoutant : » Nous en attestons tes mânes généreuses » ce n'est point s'être rendu coupable de provocation à la rébellion dans le sens des art. 1 et 3 de la loi du 17 mai 1819, c'est une manière oratoire d'exprimer le regret éprouvé par les amis du feu sieur Manuel relativement à son expulsion de la chambre des députés; c'est avoir manifesté le vœu d'obtenir désormais de meilleurs choix, d'après leur opinion, lors des prochaines élections, ce qui est assez justifié par la phrase qui précède : » Confessons-le sur ta tombe : la France entière » eût dû protester contre cet outrage par *d'unanimes réélections.* «

» Quant au passage de la page 10 : « Cette gendarmerie étant composée de brigades du dépar-

» tement, qui n'étaient point accoutumés comme
» la gendarmerie de Paris à charger dans les rues
» contre des citoyens désarmés, paraissait animée
» de dipositions pacifiques », on ne peut y voir le
fait de l'intention de diffamer et injurier le corps
spécial de la gendarmerie de Paris; c'est seulement avoir indiqué le genre de service habituel
des deux corps ; avoir rappelé, ce qui est vrai, que
la gendarmerie de Paris est obligée par fois et plus
souvent que l'autre, de charger contre des citoyens
désarmés dans les rues, bien entendu quand les
circonstances l'exigent, et quand elle en a reçu
l'ordre : ce n'est point une injure, c'est seulement
une remarque des auteurs de la Relation, pour
faire connaître qu'il y avait différence d'attitude
de la part de chacun des deux corps qui surveil-
laient le convoi du sieur Manuel.

» A l'égard du passage de la page 15, relatif
aux ordres donnés à la gendarmerie de Paris de
forcer les parens du feu sieur Manuel à laisser con-
duire le char funèbre par des chevaux, conformément à un réglement de police, et d'empêcher les
amis et partisans du mort de le traîner à bras ;
sans examiner la question de savoir si, dans ce
cas, au lieu de déployer un grand appareil de force
militaire, un simple procès-verbal de contravention n'eût pas suffi pour faire punir, par la voie ju-

diciaire, les auteurs et partisans de cette prétendue contravention, surtout si aucun désordre ne
résultait de la manière dont le char cheminait ;

» Attendu qu'avoir imprimé, page 13, que le
corps de la gendarmerie en bataille sur la chaus-
sée, venait de recevoir de la préfecture de police
l'ordre de ne pas permettre que le char cheminât
autrement qu'attelé de chevaux, et avoir ajouté :
« Il fallait que cette autorité, misérablement sus-
» ceptible et odieusement tracassière, déployât
» l'appareil de la force au milieu des funérailles,
» troublât de pieux devoirs, et s'exposât à répan-
» dre le sang des citoyens; » ce n'est point avoir
injurié ni diffamé l'administration de la police,
quoique les expressions *misérablement* et *odieusement* soient inconvenantes ; ni avoir encouru les
peines déterminées par l'article 5 de la loi du 25
mars 1822, surtout si l'on considère ce qui venait
de se passer, et que l'article 4 de la même loi
maintient aux particuliers la faculté de discuter
et censurer les actes des ministres ; ce qui suffit
pour en conclure que le passage incriminé n'est
autre que la discussion et la censure d'un acte du
ministre dont le préfet de police est le délégué;

» Attendu qu'il en est de même des passages
des pages 15 et 20, où l'on dit d'une part : « Il y
» a une coupable imprudence et de la lâcheté à

» donner, de la préfecture de police, loin des
» lieux, des événemens et du danger, un ordre pa-
» reil (celui de charger); » et d'autre part : « En
» entrant dans le cimetière, on sembla avoir dé-
» posé les sentimens d'indignation et de mépris
» qu'avait soulevés l'intervention tracassière du
» pouvoir armé. »

» Attendu que les expressions peu mesurées si-
gnalées par l'ordonnance de prévention aux pages
4, 7, 9 et 24 de la brochure, comme ne contenant
point l'excitation au mépris du gouvernement du
roi, ni d'attaque contre son autorité, n'ayant point
été de nouveau incriminées, il est inutile de s'en
occuper ;

» A l'égard des passages des pages 11, 22 et 25,
relatifs à l'expulsion du feu sieur Manuel de la
Chambre des députés, à raison desquels l'ordonnance du 5 de ce mois a déclaré n'y avoir lieu à
suivre, quoique paraissant avoir le caractère du
délit d'offense envers la chambre des députés ;

» Attendu que cette disposition de l'ordonnance ne s'appliquant qu'à la compétence, elle
n'a pu empêcher le ministère public de renouveler
son action, ni dispenser le tribunal d'en apprécier
le mérite ;

» Attendu à cet égard que l'art. 2 de la loi du
26 mai 1819 et l'art. 5 de celle du 25 mars 1822

disposent formellement, sans aucune exception ni distinction, que dans le cas d'offense envers les chambres ou l'une d'elles, *par voie de publication*, la poursuite n'aura lieu qu'autant que la chambre qui se croira offensée l'aura autorisée, ce qui n'ayant pas lieu dans l'espèce, il s'ensuit que le chef du réquisitoire du ministère public, relatif à ces trois passages de la Relation incriminée, est inadmissible, comme l'a décidé la chambre du conseil, peu important que le fait qui donne lieu aux expressions incriminées soit l'œuvre de la chambre des députés dissoute en 1823, car sous ce point de vue l'offense qui ne peut s'adresser individuellement à qui que ce soit, n'intéresserait qu'une chambre n'existant plus, et dont les faits, appartenant à l'histoire, peuvent être jugés, discutés et censurés avec sécurité;

» Attendu que si, ce qui vient d'être établi, la publication de la Relation imprimée, dont il s'agit, n'est point répréhensible quant aux sieurs Mignet, Sautelet et Gaultier-Laguionie, il est inutile d'examiner le mérite de l'intervention de M. de Schonen, ni celui des réclamations individuelles de MM. Laffitte, La Fayette et Manuel jeune.

» D'après ces considérations, et par ces motifs, le Tribunal, conformément à l'article 191 du

Code d'instruction criminelle, annule la citation du 13 septembre présent mois, ensemble tout ce qui a précédé et suivi, et notamment la saisie des 28, 29 et 30 août précédent, dont il est fait main-levée; en conséquence; renvoie les sieurs Mignet, Sautelet et Gaultier-Laguionie de l'action contre eux intentée, ordonne que les objets chez eux saisis leur seront rendus sur leur simple décharge; quant aux interventions, déclarations et conclusions de MM. de Schonen, Laffitte, La Fayette et Manuel jeune; met les parties hors de cause. »

PARIS, IMPRIMERIE D'ÉVERAT, RUE DU CADRAN, N° 16.

www.ingramcontent.com/pod-product-compliance
Lightning Source LLC
LaVergne TN
LVHW010321030726
842520LV00004B/1199